AF498126

SOCIÉTÉ

des

Amis des Arts

de Seine-et-Oise

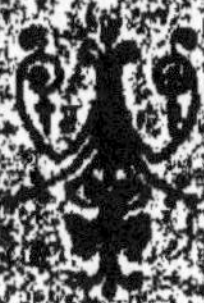

71ᵐᵉ EXPOSITION

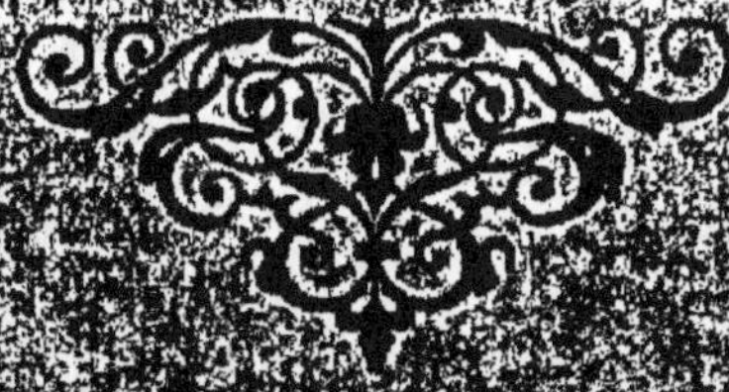

1928

71e EXPOSITION

de la

Société des Amis des Arts

de Seine-et-Oise

Énoncé des Œuvres

DE

Peinture, Sculpture, Architecture

Gravure

Miniature, Dessin et Pastels

EXPOSÉES

Dans les Salons de l'Hôtel de Ville de Versailles

DU

13 MAI AU 17 JUIN 1928

V.

38553 (71)
(1928)

L A Société organise chaque année une Exposition de Peinture, Sculpture et objets d'art. Elle favorise les artistes, par l'acquisition à cette Exposition d'un certain nombre d'ouvrages qui forment les lots d'une tombola tirée entre les Sociétaires.

De plus, au cours de l'Exposition et pendant l'année, la Société organise des Concerts et des Manifestations artistiques.

N. B. — Un livret indiquant le prix des ouvrages est déposé entre les mains du gardien de l'Exposition.

ABREVIATIONS

H. C. — *Hors Concours.*
M. H. — *Mention honorable.*
Méd. — *Médaille.*
V. — *Versailles.* P. — *Paris.*
Sre. — *Sociétaire.*
E. U. — *Exposition universelle.*
✿ O. — *Officier de la Légion d'honneur.*
✿. — *Chevalier de la Légion d'honneur.*
✠. — *Croix de guerre.*
❀ I. — *Officier d'Instruction publique.*
❀ A. — *Officier d'Académie.*

Ces titres indiquent les récompenses obtenues au Salon de Paris et aux Expositions de Versailles.

AVIS

Les Artistes dont les notices ne nous sont pas parvenues à la date fixée par l'invitation n'ont pu figurer au présent Catalogue.

Consulter en fin de Catalogue les noms de quelques Artistes dont les notices sont arrivées assez à temps pour figurer dans cette partie additionnelle.

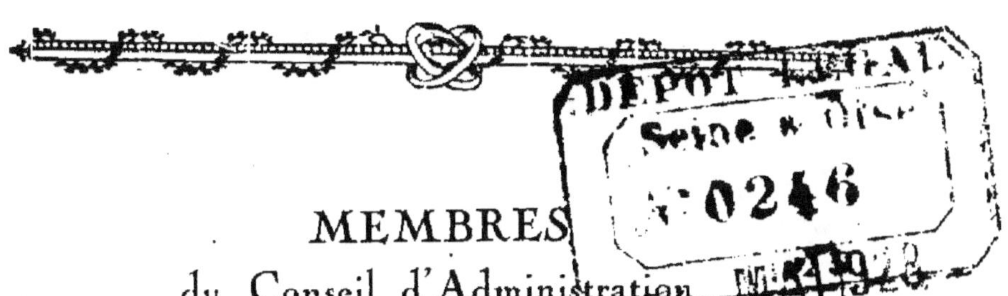

MEMBRES
du Conseil d'Administration

DE LA

SOCIÉTÉ DES AMIS DES ARTS
de Seine-et-Oise

Présidents d'honneur.   M. le PRÉFET.
M. le MAIRE DE VERSAILLES.
M. CLÉMENTEL ✳ O.
M. BARBET ✳ O.
M. VALENTINO ✳ O.

Président titulaire ..   M. CHAUSSEMICHE ✳.

Vice-Présidents ....   M. HUEBER ✳.
M. RENAULT ◊ I.

Trésorier ....   M. HERBIN ◊.

Secrétaire général ..   M. Jean-Marie BOULAN ✳, ◊.

Secrétaires adjoints .   M. DIDIER ◊ I.
M. MANGEANT ◊ I.

Commissaire Général de l'Exposition : M. René ROUS-
SEL ◊.

Commissaire Ajoint : M. René JANSON ◊.

Président Honoraire du Jury : M. Georges BER-
TRAND ✳.

Membres du Conseil : MM. PRODHOMME ◊ I., GUÉ-
RITTE ◊, DUBOIS, F. BOULÉ ◊, MARCADIER ◊, René
AUBERT, P.-A. LEROUX.

Membres Correspondants pour Paris : MM. HUM-
BLOT, Sénateur, et DALLEMAGNE ◊ I.

*Membre Correspondant pour la Société des Sciences
Morales* : M. PICHARD DU PAGE.

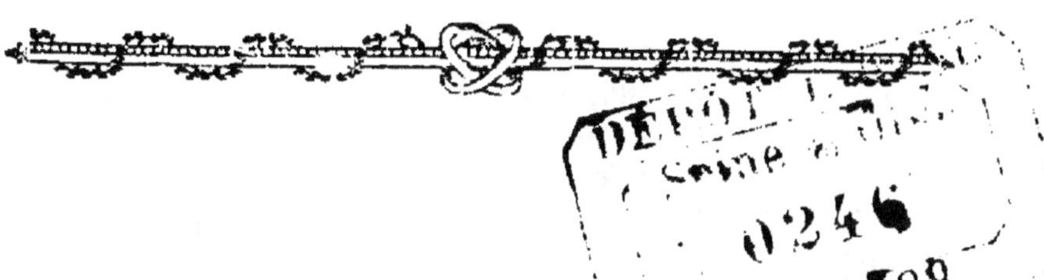

ÉNONCÉ DES OEUVRES
EXPOSÉES

ACHENBAH (Gabrielle), (Les Fougères) rue du
Mont-Ussy, Fontainebleau (S.-et-M.). —
V. 2e Médaille et Rappel.

1. *Cabinet de travail de Napoléon (Palais de Fontainebleau)* (peinture).
2. *Nature morte* (a figuré au Salon des A. Français) (peinture).

ANDRÉ, 29, rue du Vieux-Versailles, Versailles.

3. *Exposition d'ensemble* (photographies).

AUBERT (René), 34, avenue de St-Cloud, Versailles
(Sre). — P. Méd. de bronze; Bourse de voyage. — V. Prix du Salon.

4. *Exposition d'ensemble* (portraits, paysages, dessins).

AVÈNE (Simone d'), 39, rue Ste-Sophie, Versailles
(Sre).

4 bis. *La dernière heure du Pape Innocent III*
(Gérardin, édit.) (dessin).

BAILLY (Alexandre), 41 bis, rue du Haut-Pavé
Etampes (Sre).

5. *La Chalouette à Chalo-Saint-Mars* (peinture).
6. *Les saules à Chalo-Saint-Mars* (peinture).

BARBA (Marie), 86, rue Cardinet, Paris. — P. Nombreuses médailles.

7. *Un beau tableau* (crayons rehaussés).
8. *La chair est faible* (crayons rehaussés).

BARRANGER (Marie), 7, rue St-Louis, Versailles (Sre). — V. M. H.

9. *Toulon (quai Cronstad)* (aquarelle).
10. *Ile de Port-Cros (Mont Vinaigre)* (aquarelle).

BASTARD (Adrienne), 47, boulevard de la Reine Versailles (Sre). — V. 2 Médailles d'argent.

11. *Châlet en Savoie* (peinture).
12. *Le Mont Horeb* (pochade).

BAUDRILLARD (Emmanuel), (Sre).

13. *Céramiques d'art.*

BEDELL-BRICHARD (Mme Gabrielle), 90, boulevard Garibaldi, Paris (15e) (Sre). — P. M. H. Artistes Français. — V. M. H.

13 bis. *Rue des Porches, à Bretenoux (Lot)* (peinture).
13 ter. *La Porte de Riquewihr (Alsace)* (peinture).

BELLAMY (Mlle Madeleine), 92, boulevard Richard-Lenoir, Paris (11e) (Sre).

14. *Violettes de Parme et Jonquilles* (aquarelle).
15. *Anémones* (aquarelle).

BERTIN (Anne-Antoinette), 8, rue Gay-Lussac, Paris. — V. M. H.

16. *Une vitrine d'émaux de Limoges* (émail).

BERTON (Marie), 85, rue de Sèvres, Paris (6e).

17. *La commode Louis XV (Musée des Arts décoratifs)* (peinture).
18. *Buste d'enfant* (terre cuite originale) (sculpture).

BERTRAND DE FONTVIOLANT (Mlle Suzanne), 20, rue Casimir-Périer, Fontainebleau.

19. *Eglise d'Avon (S.-et-M.)* (peinture).
20. *Chrysanthèmes* (peinture).

BESNUS (Georges), Kev-Ka-Ré, à Vaucresson (S.-et-O.). — V. M. H., 2e M., acquis par l'Etat.

21. *Nature morte* (peinture).
22. *La baie de Douarnenez* (peinture).

BESSONNAT (Lucien), 27 *bis*, boulevard de la Saussaye, Neuilly-sur-Seine (Sre).

23. *Bateaux, port de Doëlan* (peinture).
24. *Bateaux de pêche (Honfleur)* (peinture).

BEURET (André), 1, rue Bordelaise, Charenton. — P. M. H.

25. *Moisson d'avoine* (peinture).
26. *Pâturage Comtois* (peinture).

BIGNON (René), 87, rue Coulaincourt, Paris (18e), et 10 *bis*, rue Marie-Charlotte, Le Chesnay (S.-et-O.).

27. *Paysage* (aquarelle).
28. *Paysage* (aquarelle).

BLONDEAU (Gaston), 8, rue Ampère, Velizy (Le Clos). — P., acquis par l'Etat 1907.

28 *bis*. *Coin d'atelier* (peinture).

BOFFARD (Madeleine), 22, rue Condé, Lyon (Rhône) (Sre).

29. *Intérieur* (peinture).

BONNEAU (Jacques), 55, quai d'Orsay, Paris (Sre).

29 *bis*. *Soucis*.
29 *ter*. *La Porte d'Espagne*.

BONNEROT (Pierre), 11, rue d'Assas, Paris (6e) (Sre). — P. M. H. (Artistes Français).

30. *Soubès (Hérault)* (peinture).
31. *La Chataigneraie à Montmorency* (peinture).

BOULAN (Jean-Marie), 7, rue de l'Orangerie, Versailles (Sre). — P. Méd. d'or Exposition des Arts décoratifs. — V. Méd. d'argent.

32. *Exposition d'ensemble*.

BOULAND (Elisabeth), 16, rue de l'Orangerie, Versailles (Sre).

33. *Sous-bois (Nature morte)* (peinture).

BOURGOIS (Ernest), 18, rue St-Médéric, Versailles (S^re). — V. M. H.

34. *Nymphe à la coquille (Parc de Versailles)* (peinture).
35. *L'Hiver (Parc de Versailles)* (peinture).

BOYER (Louise), 9, place de la Liberté, Elbeuf (S^re).
36. *Vieilles faïences et anémones* (aquarelle).
37. *Ravenelles et anémones* (aquarelle).

BRON (Achille), Taillebourg (Charente-Inférieure) (S^re). — V. Méd. d'argent (1927).

38. *Environs d'Agay* (peinture).

BUFFET (Mlle Jeanne), 22, rue St-Louis, Versailles (S^re). — Fontainebleau : Méd. d'argent. — Langres : Méd. 1re cl.

39. *Profil d'enfant roux* (huile).
40. *Feuilles sèches et soucis* (pastel).

BUISSON (Jane), 31, quai de Bourbon, Paris (4e) (S^re).

41. *Au grand Siècle* (peinture).
42. *Nature morte* (peinture).

BUSQUET (Chouchette), Académie de Médecine, 16, rue Bonaparte, Paris.

43. *Mousquetaire gris* (peinture à l'huile).
44. *Portrait de Mlle Sacape* (peinture à 'huile).

CARILLON - GARDNER (Marguerite), 16, rue Alexandre-Lange, Versailles.

45. *Ensemble.*

CARISSAU (Alice), 3, place du Palais-Bourbon, Paris (7e).

46. *Les roses dans le vase de pierre* (peinture).
47. *Les roses coupées (plein air)* (peinture).

CASPERS (Mlle Pauline), 73, boulevard Beaumarchais, Paris (S^re). — V. Méd. d'or.

48. *Chrysanthèmes et Asters* (peinture).
49. *Roses blanches et Tasse Empire* (peinture).

CAZAMIAN (Fanny), 7, rue des Abondances, Boulogne (Seine) (S^re). — V. 2 médailles d'argent.

50. *Orpheline à la poupée* (peinture).
51. *Tête de Bretonne* (peinture).

COLMANN (Albert), 81, rue de Rome, Paris (17e) (S^re).

52. *Nature morte* (aquarelle).
53. *Champignon* (aquarelle).

COMBASTEL (Magdeleine), 4, rue d'Artois, Versailles (S^re).

54. *Bassin de Neptune* (aquarelle).
Portrait de chien (aquarelle).
Chrysanthèmes (aquarelle).
Galerie du Palais de Justice, à Rennes (aquarelle).
Vieilles maisons à Ussel (aquarelle).
Grange à Saint-Cast (aquarelle).
Vase (Parc de Versailles) (aquarelle).

CORPET (Etienne), 158, rue de Charonne, Paris (11e) (S^re). — P. M. H.

55. *Pommes et Citron* (peinture).
56. *Pommes et Bananes* (peinture).

CORPUS (Paul), rue des Tournelles, Versailles (S^re). — V. Méd. d'argent.

57. *Paysage.*
58. *Nature morte.*

COTTENET (Jean), 11, villa Spontini, Paris (16e). d'argent. — V. Méd. d'or.
(S^re). — P. M. H.; Méd. de bronze; Méd.

59. *Conférence* (peinture).

COUDRAY-SCHNEEGRAS (Gilberte), 87, avenue de St-Cloud, Versailles (S^re).

60. *La Légende de Guillaume d'Orange* (reliure).
61. *Les Fleurs du Mal* (reliure).

CRIBIER (Paul), Cinquétral (Jura) (S^re).

62. *Le Bassin de l'Eure au Havre (S.-Inf.), gros temps* (peinture).
63. *Le ravin du Moranty, près Saint-Claude (Jura),* (peinture).

DARCY (Mlle Geneviève), Château de Jancigny, par
Renève (Côte-d'Or) (S^{re}). — V. M. H.

64. *Bord de mer en face d'Antibes* (aquarelle).
65. *Port d'Antibes* (aquarelle).

DAVID-GELL (Honor), 107, rue du Bourg, Gisors
(Eure). — P. M. H. Artistes Français.

66. *Banlieue parisienne* (huile).
67. *Paysage Vauclusien* (huile).

DELABARRE-HENRY (Henriette), 96, rue Royale,
Versailles (S^{re}).

68. *Portrait de Mlle H. D.*
Le Brasset (Crécy-en-Brie) (peinture).
Nature morte (peinture).
Nature morte (peinture).
Sous la voûte (peinture).
Vieille tour (peinture).

DELAHOGUE (Alexis), 18, rue Ferdinand-Duval,
Paris (4º).

69. *Laveuses à l'oued (El Kantara)* (peinture).
70. *Dans l'oasis de Gabès (Tunisie)* (peinture).

DELEAU (Emilie), 18, rue Clairaut, Paris.

71. *Grande tête* (miniature).
Pêcheur (miniature).
Tête de vieillard (miniature).
Pierrette (miniature).
Roumaine (miniature).
Vieillard à la tête penchée (miniature).
Panier de fleurs (peinture).

DELORME-CORNET (Mme Louise), 11, rue des Sa-
blons, Paris. — Province : Grand Prix d'hon-
neur, 3 Médailles.

72. *Roses jaunes, vase bleu* (peinture).

73. *Primevères, vase gris* (peinture).

DESOUNAY (Robert), 64, rue de l'Orangerie, Versailles (S^{re}).

74. *Matin de printemps en Normandie* (aquarelle).
75. *Sous bois (Porchefontaine)* (aquarelle).

DESDOUITS (Mlle Thérèse), 3, avenue de St-Cloud, Versailles (S^re). — V. 2e Méd. d'argent.

76. *Plateau pyrogravé et cuivre d'art.*

77. Vitrine contenant :
    2 *sacs cuir d'art.*
    1 *porte-trésor.*
    1 *porte-cartes gris.*
    1 *porte-cartes vert.*
    2 *reliures.*

DIDIER (Clovis), 16, rue Alexandre-Lange, Versailles (S^re). — P. M. H. — V. Prix du Salon H. C.

78. *Ensemble.*

DOIGNEAU (Edouard), 67, boulevard Berthier, Paris (17e),. — P. H. C. Artistes Français, ✳.

79. *Chevaux et chien de chasse* (aquarelle).

DOMERGUE (Emile), 54, avenue du Maine, Paris. — P. Méd. d'argent.

80. *Nature morte* (peinture).

81. *Nature morte* (peinture).

DORBRITZ (Mlle Marguerite), 22, rue Falguière, Paris (15e).

82. *Nu* (peinture).

83. *Lilas* (peinture).

DUBOIS (Clémentine), 21, rue Rochechouart, Paris. — P. M. H. Artistes Français.

84. *Corbeille de fruits* (peinture).

85. *Coloquintes* (peinture).

DUBOIS, 40, avenue de Paris, Versailles (S^re). — V. Prix du Salon.

86. *Paysage.*

87. *Paysage.*

DUCROS (Edouard), place Jeanne-d'Arc, 6, Aix-en-Provence (S^re). — V. 1re Médaille.

88. *Canal du Roi* (*Martigues*) (peinture).

89. *La barque verte* (*Martigues*) (peinture).

DUPUIS (Raymond), 1, impasse Toulouse Versailles (S^{re}).

90. *Porte de Bailly* (aquarelle).

ESCLAIBES (Noémie d'), 10, rue Ste-Victoire, Versailles.

91. *Vieille ferme bretonne* (aquarelle).
92. *Matinée d'automne (Versailles)* (aquarelle).

ESTRÉES (Mme Thérèse), 6, rue Edouard-Detaille, Paris (S^{re}). — P. M. H. Artistes Français.

92 *bis. Fantaisie orientale* (huile).
92 *ter. Brisac (chien briard)* (pastel).

FAR-SI, 41, rue Bayen (S^{re}). — P. Méd. d'or ; H. C.
93. *La femme au Tub* (peinture).

FEUERRING (Maksymilien), 94, rue Daguerre, Paris (14e) (S^{re}).

94. *Les mères* (peinture).
95. *Composition* (peinture).

FLAMAND-DUVAL (Edmond), 76, rue du Maréchal-Foch, Versailles (S^{re}).

96. *Le pré vert (vue sur le Chesnay)* (aquarelle).
97. *Château de Versailles (2 vues de la Terrasse)* (aquarelle).

FLEURY (Charles), 17, av. de Gennevilliers, Colombes (S^{re}).

98. *Pont de Saint-Thibault (Cher)* (peinture).
99. *Rue Basse-des-Moulins, Saint-Satur (Cher)* (peinture).

FONDEUR (Henry), 39, avenue de la République, Paris (S^{re}).

100. *Eglise Saint-Pierre, à Royan* (aquarelle).
101. *Puits à Saint-Georges-de-Didonne, près Royan* (aquarelle).

FOSSE (Jacques), 29, rue de la Mairie, Le Chesnay (S^{re}). — V. 3e Méd. d'argent.

102. *Jardin de Cimiez* (huile).

FOURNIER (Mme Clotilde), 5, rue de la Légion-d'Honneur, St-Denis-s.-Seine. — P. M. H.

103. *Fleurs (œillets)* (peinture).
104. *Cinéraires* (peinture).

FRANÇOIS-AUBERT (Marcel), 1, rue Leclerc, Paris (14e).

105. *Nature morte* (peinture).
106. *Anémones* (peinture).

FRANTZEN (Lucien-Pierre), 52, avenue Alfred-de-Musset, Le Vésinet (S.-et-O.) (S^re). — P. Lauréat du Salon des Inventions (membre du Jury); de l'Artisanat Français; de la Chambre Artisanale, etc.

107. *Grand vitrail de Cathédrale (1/10e d'exécution) (ferronneries et vitraux)* (dessin-aquarelle).
108. *Balcon et grille d'entrée du Château de Bronchetière (M.-et-M.), fers forgés (1/10e d'exécution)* (dessin-aquarelle).

GALLAUD (Mlle Marie), 136 bis, avenue de Neuilly, Neuilly (Seine) (S^re) — P. M. H. Artistes Français. — V. 2° Médaille.

109. *Vieux chantre campagnard* (bronze; cire perdue).
110. *Petite Bretonne de Pont-l'Abbé* (bronze, cire perdue).

GAUCHER (René), 13, rue Jacquemont, Paris (S^re). — V. Médailles.

111. *Vallon de Port-Royal (le Pigeonnier)* (peinture huile).

GAUDRION (Mme Francine), 9, rue Duperré, Paris (S^re). — P. Prix d'aquarelle à l'Union des Femmes peintres.

112. *Notre-Dame de Paris (les Chimères)* (aquarelle).
113. *Notre-Dame de Paris (les Chimères)* (aquarelle).

GENETIER (Victor), 35, rue Jussieu, Paris (5e) (S^re).

114. *Un vieux moulin à Contremoulins, près Fécamp* (pastel).
115. *Une bouche à Meschers (Charente-Inférieure),* (pastel).

GOSSELIN-CIZALETTI (Emile), 80, rue Taitbout,
Paris (S^{re}).

116. Vitrine bijoux :
Collier argent doré.
Bracelet découpé argent doré.
Bracelet métal doré pierre verte.
Boule émail égyptienne.
Broche pour chapeau (argent), masques.
Broche perroquet (argent).
Motif (la Lune) métal doré.
Broche triangulaire (argent).
Bouton carré émail (don à la loterie).
Bouton émail rouge.
Bouton émail vert.

GRAFFAGNINI (Armantine), 16, place Emile-Gou-
deau, Paris.

117. *Paysage d'Italie (Abruzzes) (peinture).*
118. *Etude nu (sanguine).*

GUFFROY (Yvonne), « Kergével », 17, rue Curiale,
Garches (S.-et-O.) (S^{re}).

119. *Portrait de Mlle Téf. de Refatos (peinture).*
120. *Etude (peinture).*

GUIBERT (Nelly-Morriss), 22, rue Pierret, Neuilly-s.-
Seine.

121. *Jeune fille rousse (peinture).*
122. *Crayon rehaussé : Portrait de Mme G. (dessin).*

GUY (Mme Marguerite), La Roche-Guyon (S.-et-O.)
(S^{er}).

123. *Mantes : Bords de Seine, le matin (peinture).*
124. *La Roche-Guyon : la Vacherie vue de ma fenê-
tre (peinture).*

HAMON (Solange), 10, rue Carnot, Versailles.

125. *La Cathédrale de Reims (reliure).*
Le Tourment de Dieu (reliure).
Le Mont-Saint-Michel (reliure).
Les contes de Perrault (reliure).
Chanson de Roland (reliure).
Lettres de M de Sévigné.
Lettres de Mme de Sévigné (reliure).
Les plus beaux vers de Racine (reliure).

HELLET (Madeleine), 25, avenue Gambetta, Clichy
Seine (S^re).

126. *Port-Manche (Finistère).*
127. *Rue du Miradoux, à Lallioure (Pyr.-Or.).*

HERAULT (Madeleine), 52, rue Royale, Versailles
(S^re). — V. Médaille.

128. *Dans le jardin (peinture).*
129. *Place de l'Eglise (Les Loges-en-Josas) (peinture).*

JACQUELINE-HUBERT (Mme Madeleine-Suzanne),
84, rue de Rennes, Paris (6e). — P. Lauréate
de l'Institut, Salon des Artistes Français. —
V. Méd. d'argent.

130. *Portrait de mon mari (miniature).*
131. *Petit Jean (miniature).*

JAMET (Henri), 4, rue Camille-Tahan, Paris (18e). —
P. M. H. Artistes Français; Méd. d'argent;
Méd. de bronze Exposition Universelle 1900.

132. *La maison du passeur aux Eyziès (Dordogne)
(peinture).*
133. *Petite marchande d'oranges (peinture).*

JANDRON (Francia), 3, rue de Metz, St-Germain-en-
Laye (S^re).

134. *Brume maritime (peinture).*
135. *Dessous Bois (peinture).*

JANNOT-PINET (Marie), 39, rue de Condé, Lyon
(S^re). — V. 2e Médaille.

136. *Deux impressions du soir (dans un même cadre)
(peinture).*
137. *Sur la plage (pastel).*

JANSON (René), avenue de St-Cloud, Versailles (S^re).

138. *Buste de Mlle de L.*
139. *Portrait au fusain de Vincent d'Indy.*

KIREEVSKY (Etienne), 65, avenue Marceau, Paris
(16e). — V. 1re Méd. d'argent 1907.

140. *Primavera (huile).*

LACHAT (Louis), 86, rue de Clamart, à Châtillon-s.-Bagneux. — P. Méd. de bronze de la Renaissance Française.

141. *Epinay-sur-Orge* (peinture).
142. *Bouray-sur-Juine* (peinture).

LACROIX (Mlle Renée), 85, rue du Cherche-Midi, Paris (6e) (Sre). — P. 2 M. H., 1 Méd. d'argent — V. M. H.

143. *Joie de vivre* (peinture).
144. *Berrichonne en prière* (peinture).

LAGARDE-BROCHOT (Mlle Jeanne), 16, rue Joseph-Lambert, St-Cloud (Sre). — P. M. H.; Méd. d'argent Artistes Français. — V. Méd. d'argent.

145. *Saint-Denis : Tombeau de Louis XII et Anne de Bretagne* (peinture).
146. *Troyes : Église Saint-Jean* (peinture).

LALOUX (Mme Camille), 2, rue de Solférino, Paris.

147. *Panier de fleurs* (peinture).
148. *Bégonias* (peinture).

LASSENCE (Paul de), 15, rue Hégésippe-Moreau, Paris (18e). — V. Méd. d'argent.

149. *La route du Salario (Corse)* (peinture).
150. *Récifs dans le golfe de Porto (Corse)* (peinture).

LECONTE (Yvonne), 18. route Nationale, Viroflay (Sre).

151. *Tête d'enfant* (dessin).
152. *Bébé dans sa chaise* (peinture).

LE GAL LA SALLE (Thérèse), 23, rue Edme-Frémy, Versailles (Ser).

153. *Vieille maison à Briançon* (aquarelle).
154. *Paysages à Briançon* (aquarelle).

LE GAL LA SALLE (Yvonne), 23, rue Edme-Frémy, Versailles (Sre).

155. *Vieille porte à Grasse* (huile.)
156. *Route de Magagnose* (huile).

LEGAY (Robert), 46, avenue de Paris, Versailles (S^{re}).

157. *Roses* (aquarelle).
Maison de Pierre Landais, Vitré (I.-et-V.) (aquarelle).
Vieux porche à Pomporux (Deux-Sèvres) (aquarelle).
Rue Beaudrairie, Vitré (I.-et-V.) (plume).

LEROUX (Pierre-Albert), 35, rue de la Tombe-Issoire, Paris (14e) (S^{re}). — V. Prix d'honneur.

158. *Vieille cuisine* (huile).

159. *Versailles automne* (huile).

LE ROY (Henri), 7, rue Gambetta, Versailles (S^{re}). V. H. C.

160. *Rocher de Guiligny (Finistère)* (peinture).

LESTIENNE (Mad'leine), 3, rue Rosa-Bonheur, Paris. — P. M. H. Salon des Artistes Français, Prix Marie Bashkûtseff.

161. *Vierge de pierre peinte, au Louvre* (peinture).

162. *Village de Flandre* (peinture).

LE VAVASSEUR (Baronne Marthe), 9, rue Dosne, Paris. — Méd. d'argent.

163. *Intérieur* (peinture).

164. *Nature morte* (peinture).

L'HUILLIER (Jacques), 28, rue Château-Landon, Paris (10e) (S^{er}).

165. *Avant l'orage (Corrèze)* (peinture).

LIEURÉ (Louis), 16, rue de Châteaudun, Garenne-Colombes (S^{re}).

166. *Matinée d'août en Beauce* (peinture).

167. *Les Vieillottes à Oysonville (E.-et-L.)* (peinture).

LOGELIÈRE (Mlle Roxane de), 20, rue Daru, Paris.

168. *Étude de mouvement,* bronze à cire perdue (sculpture).

169. *Invocation,* bronze à cire perdue (sculpture).

LOISEAU-ROUSSEAU (Mlle Paule), 6, boulevard des Invalides, Paris. — V. M. H. — Montpellier : M. H.

170. *La Méfiance* (sculpture).
171. *Amazone 1830* (bas-relief).

LUCAS (Marie-Louise), 14, rue de l'Occident, Versailles (S^re).

172. *Raisins* (peinture).
173. *Pommes* (peinture).

MAHUDEZ (Jeanne), 35, rue Rousselet, Paris 7e) (S^re). — P. Méd. d'or H. C. Artistes Français.

174. *Un vieux Versaillais : le joueur de violon* (détrempe).
175. *Le vieux loup de mer* (peinture).

MARCHAND (Camille), 35, square du Champ-de-Mars, Paris (15e) (S^re).

176. *Vieux moulin, Quiberon* (aquarelle).
177. *Barques de pêche* (aquarelle).

MARCHETTI (Gustave-Henri), 10, rue Tholozé, Paris (S^er). P. M. H.

178. *Gardienne de chèvres* (peinture).
179. *Etude de femme* (dessin).

MAIRESSE (Mme Elise), 39, rue de l'Arbalète, Paris (5e) (S^re).

180. *Le quai Malaquais à Paris* (peinture).
181. *Pommiers fleuris en Normandie* (peinture).

MARIE (Jeanne), 3, avenue des Combattants, Viroflay (S.-et-O.).

182. *Oiseau et papillon* (glace peinte).
183. *Les Poissons* (glace peinte).

MASSARD (Amélie), 2, rue Maurepas, Versailles (S^re).

184. *Tête de femme* (étude) (peinture).
185. *Bouquet de jonquilles* (huile).

MAZARD (Alphonse-Henri), à « Sans-Gêne », Les Murs, par Itteville (S.-et-O.). — V. Médailles.

186. *Le vieux saule de Sans-Gêne* (peinture).
187. *L'Essonne, près La Ferté-Alais* (peinture).

MEUNIER (Simone), 18, boulevard Edgar-Quinet, Paris (S^re). — P. M. H. Artistes Français. — V. M. H.

188. *Griserie* (aquarelle).
189. *Anémones* (aquarelle).

MEYER (Jacques), 7, rue Colbert, Versailles (S^re).

190. *Intérieur* (peinture).
191. *Modèle de décor mural* (gouache).

MIGL (Arpad de), 40, rue Lauriston, Paris (16e) (S^re). — P. M. H. ; Méd. d'argent. — V. Méd. d'argent.

192. *Eglise Saint-Gervais* (peinture).
193. *Salon de la guerre, Versailles* (peinture).

MONCEAUX (Mlle Sabine), 47, rue de Verrières, Antony (Seine).

194. *Nature morte* (peinture).
195. *Fleurs* (peinture).

MONDAN (Pierre), 22, rue Bonaparte (4e).

196. *Nature morte* (peinture).

MONNOT (Mlle Cécile), 18, boulevard Edgar-Quinet, Paris.

197. *Les Pivoines* (dessin).
198. *Portrait de Mme de V.* (dessin).

MOREAU (Mme Renée), 16, rue Eugène-Rayé, Athis-Mons (S.-et-O.) (S^re).

199. *Le Thouet (Deux-Sèvres)* (peinture à l'huile).
200. *Premières fleurs* (aquarelle).

MOREAU (Simone), 13, rue d'Asnières, La Garenne-Colombes (Seine) (S^re).

201. *Parc du Château de Versailles, la Terrasse* (aquarelle).
202. *Eglise Saint-Louis en l'Ile, Paris* (peinture).

MORETTI (Luigi), 83, rue de la Tombe-Issoire, Paris (14e) (S^re).

203. *Ile de pêcheurs dans la lagune de Venise* (peinture).
204. *Poissonnerie, Venise* (peinture).

MOUREAUX (Georges), 29, rue des Vinaigriers, Paris (10e) (Sre).

205. *Rethondes (Oise) : Bords de l'Aisne* (peinture).
206. *Saint-Jean-au-Bois (Oise) : Vieille porte* (peinture).

MOUROLIN-CORBEL (Mme Jeanne), 71, rue Saussure, Paris (Sre).

207. *Giroflées* (peinture).
208. *Œillets* (peinture).

MULETTE (Maurice), 21, rue Jean-Jacques-Rousseau, Issy (Sre). — P. Méd. d'or Arts décoratifs 1925. — V. Méd. d'argent.

209. *Tapis au point noué* (à la main).

NERÉE-GAUTIER (Jane), 12, rue Louis-David, Paris (Sre). — P. Mention. — V. Méd. d'argent.

210. *Nature morte.* (peinture).
211. *Tulipes perroquet* (peinture).

ORANT (Marthe), 155, rue Vaugirard, Paris (15e)-

212. *Intérieur d'Eglise* (peinture).
213. *Fleurs* (peinture).

ORPHÉE (André), 23, rue Carnot, Versailles (Sre).

214. *Nature morte* (peinture).
215. *Nature morte* (peinture).

PARIS (Louis), 4, rue Hoche, Versailles (Sre).

216. *Portraits.*

PADOUREAU (Eve), 32, boulevard Richard-Lenoir, Paris (Sre). — P. Méd. de bronze.

217. *Hortensias roses* (aquarelle).
218. *Roses* (aquarelle).

PELLETIER-DUPONT (Mme Julie), 12, rue Carnot, Versailles (Sre).

219. *Gouaches*, d'après Hubert Robert (gouache).
220. *Miniature*, Moreau (ivoire).

PETITJEAN (André), 18, rue du Colonel-de-Bange, Versailles (S^{re}).

221. *Muséum d'Histoire Naturelle, Paris* (1re vue) : « L'Orangerie » (dessin).

222. *Muséum d'Histoire Naturelle, Paris* (2e vue) : « L'Orangerie » (dessin).

DE PLUMENT (Paul), 24, rue Bois-le-Vent (S^{re}). — P. — V. H. C.

223. *Intérieur en Auvergne* (pastel).

PRUNIER (Pierre), 96, avenue des Ternes, Paris. — P. Méd. d'argent.

224. *Salle à manger de Mme Th. P.* (peinture).

225. *Zignas* (peinture).

PUYPLAT (Albert), 45, rue du Marché, Neuilly-sur-Seine (S^{re}).

226. *La grève St-Marc* (peinture).

227. *A la Trinité (Bretagne)* (peinture).

RENAULT (Gaston), 30, rue Richaud, Versailles. — P. Mention. — V. H. C.

228. *Les Tours à Carcassonne* (peinture).

229. *Une vieille tour à El-Kantara* (peinture).

RICHARD-HENNECART (Francine), 58, rue de Paris, Taverny (S.-et-O.) (S^{re}). — V. Mention honorable en 1913.

230. *Têtes d'étude* (pastel).

231. *Cour fleurie à Marrakech (Maroc)* (peinture).

ROBERTY (André), 59, rue Caulaincourt, Paris (18e) (S^{re}). — P. 3e Méd. A. F.. — V. Méd. d'argent.

232. *Vue de Saint-Tropez* (peinture).

233. *Eglise de la Madeleine, à Martigues* (peinture).

ROUBAUD (Jean), 154, avenue du Pont-d'Epinay, Gennevilliers (S^{re}).

234. *Matinée (Marine en Provence)* (peinture).

235. *Jour d'orage (Marine en Provence)* (peinture).

RENÉ-ROUSSEL, 44, rue Carnot, Versailles (S^re).
P. Méd. d'or Arts Décoratifs. — V. Prix du
Ministre.

236. *Exposition d'ensemble* (gouache).

SALMON (Fernand), 65, boulevard Verd-de-Saint-Ju-
lien, Meudon (S.-et-O.) (S^re).

237. *Parc du Château de Versailles* (peinture).
238. *Parc du Château de Versailles* (peinture).

SCHARDNER (Roger), 42 bis, rue Sedaine, Paris.

239. *Etampes (S.-et-O.), La Route d'Ormoy* (Sous-
bois) (peinture).
240. *Saint-Cloud (S.-et-O.) (Sous-bois)* (Peinture).

SIBERTIN-BLANC (René), 4 bis, rue Vital, Paris
(12e) (S^re). P. Mention Exposition des Arts
Décoratifs. — V. Méd. d'argent.

241. *Sous-bois (Forêt de Rambouillet)* (peinture).
242. *Les quais au Tréport* (peinture).

SIMON (Maxime), 37, rue Brûlée, Goussainville (S.-
et-O.) (S^re).

243. *Tulipes (pot étain)* (peinture).
244. *Fleurs (vase verre)* (peinture).

SLOM (Olga), 26 avenue des Gobelins, Paris (S^re).
— P. M. H., Méd. d'argent Salon des Artistes Français.

245. *La pointe de Ciboure (Côte basque)* (peinture).
246. *Le port de la Tour de Peilz (Lac Léman)* (peinture).

TACONET (Mlle Jeanne), 4, rue de Mouchy, Versailles (S^re). — P. Prix d'aquarelle à l'Exposition des Femmes Peintres et Sculpteurs 1928.
— V. M. H., Méd. d'argent 2e et 1re classe,
Méd. vermeil et rappel.

247. *Sur la terrasse, fleurs* (aquarelle).
248. *Tour et pignon (Sarlat)* (aquarelle).

TERROY (Fernand), 18, rue de la Chancellerie, Versailles (S^re).

249. *Lièvre* (Vase recouvert d'étain repoussé à la
main).

VALETTE (Marie), 18, cité des Fleurs.

  250. *Nature morte* (aquarelle).
  251. *Nature morte* (aquarelle).

VINCENT-BRECHIGNAC (Pierre), 4, rue Jacques-Lemercier, Versailles (Sre).

  252. *La Croix du Grand Canal (Automne)* (aquarelle).
  253. *Le bout du Grand Canal (Soir d'automne)* (aquarelle).

WILHELEM (Raymonde), 80, rue de Prony, Paris (17e) (Sre).

  254. *Céramiques d'art.*
    1. *Lampe sculptée à la main, émail rose et noir.*
    2. *Coupe émail et or.*
    3. *Coupe mauve et bleu « Byzance ».*
    4. *Plat à gâteaux émail jaune.*
    5. *Pot à tabac « Les Rennes ».*
    6. *Anamite « Les Rosaces ».*
    7. *Grosse boule émail vert et noir.*
    8. *Plat à gâteaux « Les Oiseaux Japonais ».*

ZEVORT (Emile), 18, rue Clairaut, Paris (17e) (Sre).

  255. *Intérieur* (peinture).
  256. *Nature morte* (peinture).

Enoncé de quelques OEuvres

dont les notices nous sont arrivées

après la composition du présent Catalogue

ALIZARD (Paul). 108, boulevard du Montparnasse,
Paris (S^{re}). — P. H. C. Artistes Français. —
V. Diplôme d'honneur.

260. *Environs de Marseille, villa « Beau Pin »*
(huile).

261. *Environs de Marseille* (huile).

AMARIGLIO (Louis), 7, rue Edouard-Manet, Paris
(13e) (S^{re}).

262. *Effet de vagues dans la Manche* (peinture).

263. *La Seine à Croissy (Seine-et-Oise)* (peinture).

BARAT (Anry), 16 bis, rue de la Chancellerie, Versailles (S^{re}).

263 *bis. Tête de chien, Corniche Marseille* (peinture).

263 *ter. Les arcades Montredan, Marseille* (peinture).

BENOIT-COURCIER (Hélène), 83, avenue de Saint-
Cloud, Versailles (S^{re}). — V. M. H.; Méd.
d'argent; Méd. de vermeil

264. *Exposition d'ensemble, peintures et dessins.*

BERTIN (Mlle Anna), 8, rue Gay-Lussac, Paris.
265. *Emaux de Limoges.*

BERTIN (Mme Madeleine), 36, rue du Peintre-Lebrun, Versailles.

266. *Figurine de cire.*

BLANZAT (Louis), rue St-Bernard, 42, Paris (11e).
267. *Vieille rue (Auvergne)* (peinture).
268. *Bords de la Senoire (Auvergne)* (peinture).

BOUCHER (Louis), 15, avenue de Paris, Versailles (S^re).
269. *Au fond de Trianon* (aquarelle).
270. *La rivière de Trianon* (pastel).

BOURDIN (Suzanne), 8, avenue de Verdun, Viroflay (S^re).
271. *Pommes et cuivre* (peinture).
272. *Moulin de la mer à Sacles-les-Roses* (peinture).

BOUSQUET-BARATON (Mme Lucie), 16 bis, rue de la Chancellerie, Versailles (S^re).
272 bis. *Jardin du Roi, Versailles* (peinture).
272 ter. *Lilas* (peinture).

BRECHENMACHER (Raymond), 5 bis, rue Ste-Sophie, Versailles. — P. Méd. au Salon; 1er Grand Prix de Rome.
273. *Le Jugement de Paris* (gravure).
274. *L'Enfer de Plogoff, Pointe du Raz* (peinture).
274 bis. *Le Château de Diman, rocher de la Pointe du Raz* (peinture).

BRUNET (Mme Jeanne), 11, avenue du Beau-Site, Sèvres (S^re). — V. M. H.
275. *Dans la neige* (peinture).
276. *Cour en ruines, Jaulgonnes (Aisne)* (peinture).

CONSTANT-BERNARD (Henri), 28, avenue Carnot, Paris (17e) (S^re).
277. *Aquarelle.*

COPPET (Mlle Yvonne de), 223, boulevard Pereire, Paris.
278. *Portrait de M. Pichard du Page.*

DUVAL. (Edouard), 17, rue des Chantiers, Versailles.

280. *Le Refuge des Cygnes* (peinture).

FROMENT (Mlle Marie), 15, avenue des Gobelins, Paris.

281. *Porcelaines et fruits* (peinture).

282. *Frugal repas* (peinture).

GALEZOWSKA (Mlle Marie), 94, rue Royale, Versailles (S^re). — P. M. H. Artistes Français. — V. Méd. d'argent.

283. *Les barques (Wildwood U. S. A.)* (peinture).

284. *La lagune gelée (Wildwood U. S. A.)* (peinture).

GOSSE-HIRTZ (Marcelle), 5, rue Tardieu, Paris (18e) (S^re).

285. *Nature morte* (peinture).

286. *Etude* (peinture).

LEGRAND (Antoine), 18, rue du Hazard, Versailles (S^re). — V. 1er Prix concours.

287. *Rochers à Bréhec* (aquarelle).

LÉTARD-MORLIGHEM (Rosie), 21, boulevard Jules-Sandeau, Paris (16e) (S^re) — V. Méd. d'argent.

288. *Bibelots d'Orient* (huile).

289. *Contes de fées* (huile).

MATHIEU-CRON (Gustave), 143, rue St-Denis, Parie (S^re).

289 *bis*. *Paysage (neige)* (peinture).

289 *ter*. *Paysage automne (éclaircie)* (peinture).

PERRONNET (Maurice), 11, rue Henri-Monnier, Paris (S^re).

290. *Marine* (aquarelle).

291. *Lande bretonne* (aquarelle).

REGNAULT-TOURNEUR (Marie), 15, rue Jacques-Boyceau, Versailles. — V. M. H.

292. *Jardinière et reines-marguerites, roses et violettes* (aquarelle).
293. *Rocher en forme de soute, vue prise à Royan (Charente-Inférieure)* (aquarelle).

ROUSSEAU-PEUGEOT (Marianne), 3, rue Jacques-Boyceau, Versailles (S^re).

294. *Calanques de Piana (Corse)* (aquarelle).
295. *Port de Bastia (Corse)* (aquarelle).

THOMAS (Pierre), 1 bis, rue Rameau, Versailles.

296. *Diane* (aquarelle).
297. *Terrasse du Château* (aquarelle).

WIRA-CHARIER (Marie), 12, rue Lafayette, Versailles (S^re). — V. M. H.

298. *Nymphes et Tritons* (peinture).
299. *Parc de Versailles* (peinture).

LASNIER (Thérèse), rue de la Paroisse, Versailles (S^re).

300. *Reliures d'art sous vitrine.*

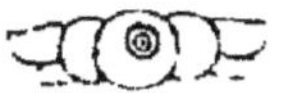

VERSAILLES

IMPRIMERIE COOPÉRATIVE " LA GUTENBERG "
18, avenue de Paris, 18

Matériel pour Artistes

Couleurs fines pour l'Huile et l'Aquarelle

Châssis nus et tendus. — Toiles au mètre

Papiers à dessin

G. JOSSE

19, rue de la Paroisse

VERSAILLES

Téléphone 20-20

Dépositaire de l'Artisan Pratique

toutes les nouveautés
pour les arts décoratifs

BROSSERIE - PRODUITS D'ENTRETIEN